Partimos

Alma Flor Ada
María del Pilar de Olave

ILUSTRACIONES DE
Ulises Wensell

ADDISON-WESLEY PUBLISHING COMPANY, INC.

Reading, Massachusetts · Menlo Park, California · Don Mills, Ontario
Wokingham, England · Amsterdam · Sydney · Singapore · Tokyo · Mexico City
Bogotá · Santiago · San Juan

A publication of the World Language Division

ISBN 0-201-16580-5
ABCDEFGHIJ-WZ-398765

Contenido

Los colores

6

7

amarillo

8

verde verde verde

verde

9

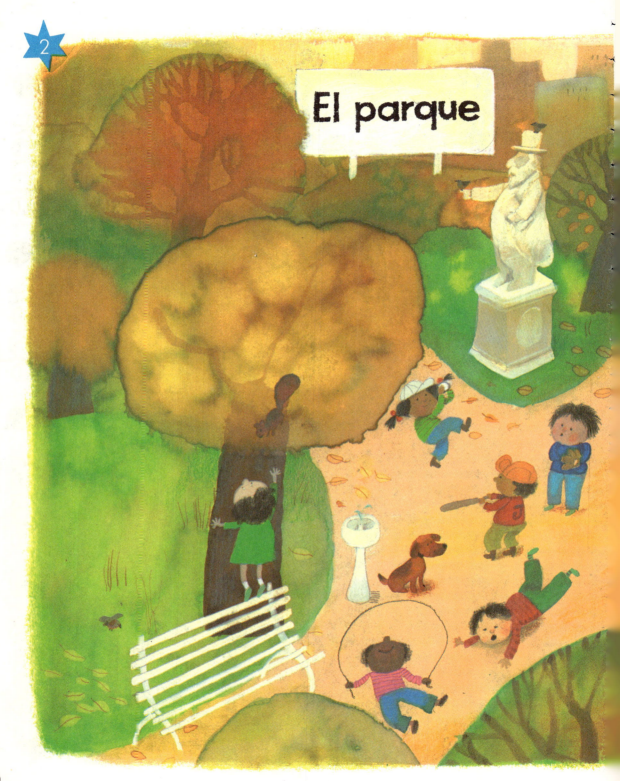

El parque

JALEA

CONSERVAS

CAJA 1

CONSERVAS

AN

13

El campo

OSOS POLARES

JIRAFA

ELEFANTES

CAMELLO

16

HIPOPOTAMO

TIGRES

AVESTRUCES

El zoológico

Los tres cochinitos

22

7

COCINAS

TELEVISORES

JUGUETES

ZAPATOS

REFRIGERADORES

ROPA

SALIDA

La tienda

El circo

GLOBOS

9 Los números

28

31

10

HOSPITAL

RAYOS X

RECEPCIÓN

URGENCIAS

NO
FUMAR

SILENCIO

El
hospital

El
desierto

11

34

Los siete cabritos

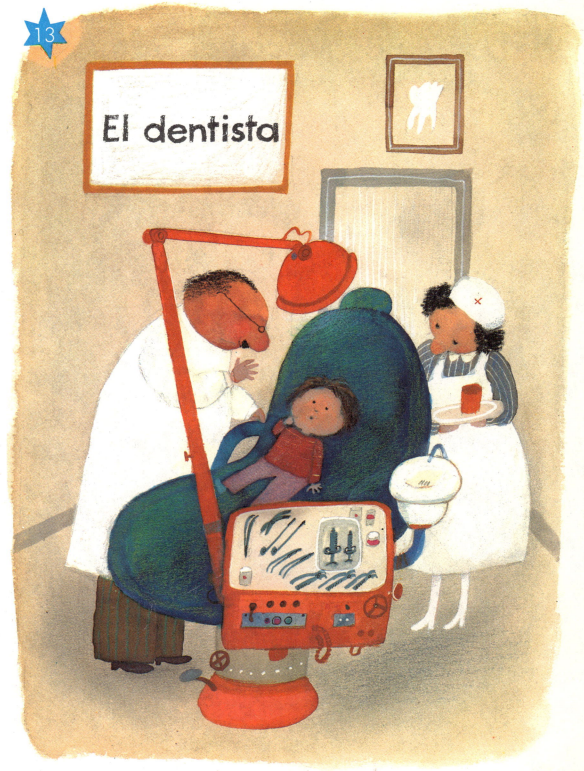

El dentista

14 Las cinco vocales

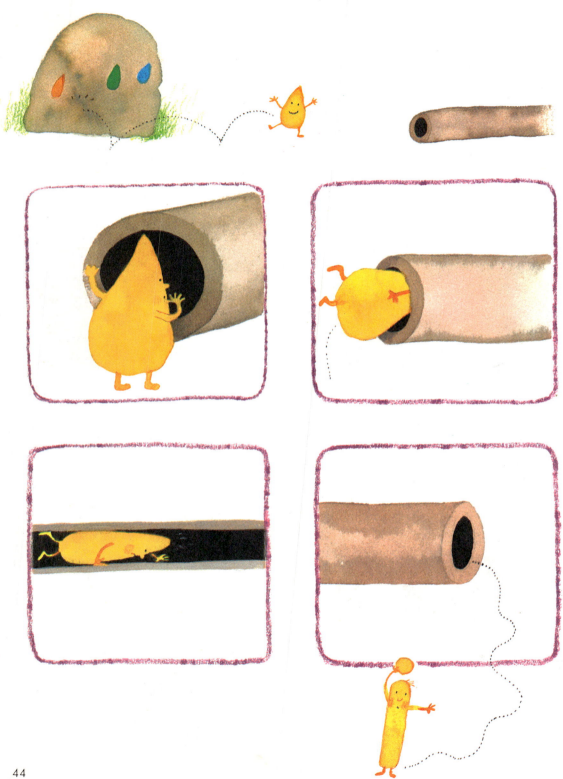

45

El
aeropuerto

HANGAR

El mar

El
puerto

⭐18 Los tres osos

60

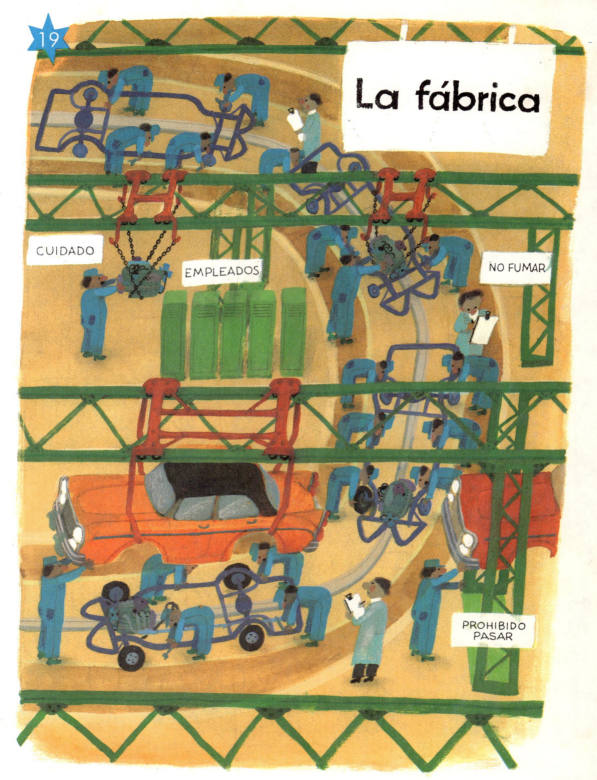

La fábrica